El SECRETO DEL ÉXITO

UN SUEÑO, UN PROPÓSIO, UNA
VIDA, UNA HISTORIA…

GIO PIC

Cuando tenía alrededor de 11 años, ya empezaba a notar como era la vida y sus lecciones, el estilo de vida que tenía mi familia y el cual yo también tenía. En momentos dados me hicieron madurar, y lo hice de una manera muy drástica, era como si me dijeran: o maduras o no sobrevives, empieza a ver el estado de tu familia y en especial el tuyo. Y por tal razón, debes madurar ahora mismo.

Mi familia era bastante humilde, no teníamos casi nada solamente dos camas donde dormíamos mi mama, mi papa, mi hermanito pequeño y yo, en la otra cama dormía mi abuela, estaba bastante viejita ya con 89 años. Afortunadamente gracias a dios, tenía la dicha de tenerla a mi lado. Ella era muy apegada a mí y siempre vivía dándome consejos de cómo actuar o de como ahorrar, y con solo eso yo me sentía muy feliz. En la forma de como mi abuela me decía los consejos, era de una manera que no tenía descripción, te daba los consejos y te llegaban al corazón, de tal forma que te hacía ara llorar. Tal vez se me salieron las lágrimas en algún que otro consejo, pero era por la misma situación de mi familia que al escuchar como ella me daba todo aquel libro de vida que ella sabía, se me ablandaba el corazón, y admito que en ocasiones me fui detrás de la casa para soltar algunas lágrimas, de odio tal vez.

Odio porque estaba pequeño y no me dejaban trabajar, mi mama y mi papa siempre me decían que el estudio siempre iba primero, que luego tendría un buen título y podría trabajar y ganar todo el dinero que quisiera, pero yo no lo veía así, lastimosamente habrá personas que solo nacen para trabajar directamente, y una de esas personas era yo.

Yo estudiaba y mantenía mis buenas notas, no por mí. Por mis padres, y mi abuela, que se ponían tan felices cuando miraban mis notas sea de un examen o de la nota final. Yo creía que el estudio era una perdedera de tiempo, enserio. Ese tiempo lo podía invertir en vender algo o trabajar en alguna tienda. En verdad no lo sabía, tal vez no era tan maduro como pensaba que era, o tal vez era la misma situación que teníamos que me hacía ver las cosas de otra manera, eso nunca lo podre saber. Yo llegaba de la escuela y entraba a mi casa, veía a mi hogar sin color. Solo el color de los bloques que la armaban, pues no me daba tanto sentimiento, era como una lección de vista para superarme.

Al entrar solo pisaba tierra y la sentía fría o caliente dependiendo del clima que hubiera. Porque mis zapatos tenían hoyos por debajo, recuerdo que a veces me venía riendo solo por la calle y las personas se me quedaban mirando diciendo ¿qué tiene ese niño? ¿Estará loco que se viene riendo solo? Pero en realidad era que como tenía hoyos en mis zapatos, el asfalto hacía que me dieran cosquilla en mis pies.

Las personas me juzgaban tal vez, pero ellos no sabían que, dentro de mí había tanta risa de felicidad por tener esos hoyos tan grandes que me alegraban el camino a casa con una buena sonrisa de oreja a oreja, como quien dice en ocasiones.

Notaba como la cara de mi madre cada vez se ponía más preocupada se podría decir, porque a veces no teníamos para comer, o solo comíamos una vez al día. Calculábamos la hora intermedia del día solo para que cuando llegara la hora de la cena no sintiéramos tanta hambre, aunque al amanecer sentí en muchas ocasiones un hoyo un poco más grande que los de mis zapaticos en mi estómago, aun así, me iba a mi escuela con hambre.

Al caminar con los mismos zapatos todos los días, mis pies junto con mi buen amigo el asfalto, me hacían olvidar el hambre que llevaba a estudiar, mi mama me lavaba la misma ropa de la escuela todos los días al yo llegar para ir bien limpio a clases al día siguiente. Me gustaba ir con mi piel limpia y mi ropa limpia, aunque a la vista de las personas se notara distinta.

Mi papa trabajaba en construcción y como podrán saber no todo el mundo construye todos los días, mi papa tenía trabajo solo cuando conseguía quien quería hacer algo en sus casas, afortunadamente él era quien sabia como armar, medir, batir la pega, y todas esas cosas, la sabiduría que tenía mi papa era la que nos daba de comer de vez en cuando. Siempre me di cuenta que apartaba dinero para cuando llegara el mes de pagar mi escuela, para tener al momento del pago.

En verdad, mis padres no querían que dejara los estudios, para ellos era algo que me ayudaría a construir mi futuro, yo no lo miraba así, pero, ¿cómo le hacía? tenía que respetar sus decisiones. Yo notaba todo, pero me hacía como el que no miraba, incluso sabía dónde estaban guardado ese dinero, pero nunca me atreví a tocar, aunque las manos me picaban para agarrarlo, porque yo veía un potencial comienzo con ese dinero. Enserio tenía tantas ideas en mi cabeza que cualquiera podría darme ganancias, y yo poder invertir en más cosas y tener más ganancias, pero no me atrevía, había días donde podía notar la impotencia y la tristeza de mi madre por no poder tener algo de comer, y eso me dolía. Pero yo sabía que si decía algo lo menos que iba a lograr era hacerle un bien, de lo contrario mi madre se sentiría más impotente y yo no quería eso.

Gracias a dios mi abuela siempre me decía: "hijo nunca le pidas a dios que te haga millonario, porque para eso él te dio piernas, manos, y una hermosa mentalidad, con eso serás capaz de conseguir y hacer muchas cosas grandes". Ese consejo me llego a donde tenía que llegar, y cada vez que me lo decía lo escuchaba como si fuera primera vez que me lo decía, y me encantaba. Yo lo analizaba y lo guardaba en mi mente.

Mi padre me enseño un poco de la construcción, y era muy raro cuando me llevaba a donde él estaba trabajando. Los sábados y domingos me iba con él a aprender nada más, y ayudarlo en lo que podía. En el tiempo de descanso él me decía: "hijo, algún día tendremos todo lo que queramos y para eso se tiene que estudiar, prepararse, y luego trabajar".

Yo le respondía: pero papa date de cuenta de esto, estudiar y sacar una carrera en la universidad te lleva 5 años, mas 5 de la escuela, más lo demás son como 15 años o más de estudio, hay mucho tiempo en esos años. Tiempo que podría invertir en trabajar directamente, y en 15 años podría hacer mucho y reunir algo más, y así poder sacarlos adelante ¿no crees?

Era obvio que, para mí los estudios no eran mi prioridad, pero lo hacía para mantenerlos contento. Mi padre se me quedo mirando y me dijo:

- Si hijo, es verdad. pero trabajando sin un título ganas menos de lo que haces con un título, mírame a mí, si yo hubiera terminado mi carrera tal vez no estaríamos así. Tienes que estudiar y luego trabajar para que te paguen bien, recuerda "TE PAGAN POR TU CONOCIMIENTO"

- Y si pagan por el conocimiento ¿porque no te pagan bien a ti? si tú eres el que dices como hacer todo.

Mi papa se quedó un rato pensando y me respondió

- Hijo yo tengo que buscar que alguien me dé para construir algo, y depende de lo que quieran construir es lo que yo cobro. No es lo mismo hacer una casa de dos pisos, que hacer una pequeña pared ¿me entiendes? En cambio, si yo tuviera un título universitario seguramente estuviera trabajando en una empresa y siempre tuviera algo que hacer para ganarme el dinero, y no tendría que esperar a que alguien me diga: constrúyeme esta casa o esta pared o cualquier cosa. ¿Puedes entenderme a donde quiero llegar?

Me quedé analizando eso que me dijo mi papa por unos segundos y le dije:

- Papa y si yo estudio y tengo mi título y todo eso, y entro a trabajar a una empresa ¿siempre tendría que trabajar para ellos?

- No hijo. tú puedes irte cuando quieras, pero lo ideal sería quedarse trabajando en una buena empresa el tiempo que sea posible. Evitar problemas, contratiempos y dar un buen trabajo es lo que puedes hacer para que te asciendan de nivel o te den bonos por buen trabajador.

Yo solo sonreí y le di una respuesta a mi papa que le cambio la cara por completo.

- Papá y ¿porque trabajar toda la vida para alguien, cuando puedes hacer dinero e invertirlo, y ser tú, tú mismo jefe? Sabes que escuche en una historia en la televisión que decían, "no toda la vida te quedes como un empleado" ¿qué me dices de eso papá?

Mi papa dio un salto del suelo donde estábamos sentados y me dijo "terminaron los minutos de descanso es hora de trabajar".

Mi papa salió caminando mientras yo apenas me paraba del suelo y escuche a mi papa murmurar: "dios que mentalidad le has dado a mi hijo". Solo seguimos trabajando y no tocamos más el tema.

Siempre eran las mismas rutinas, yo tenía que ir a la escuela nunca me dejaban trabajar, hambre, misma ropita, mismos zapaticos, frio, calor, misma tele, misma cama, mismo techo, mismo suelo de tierra.

Lo que si siempre pude tener a mi disposición era unas cajas de todo tipo de libros, eran la colección más apreciada de mi abuelita. Ella, mi papa y mi mama siempre me decían "hijo debes leer, leer es bueno para la salud y la mente" y yo nunca le mostré interés a esos libros, ya suficiente tenía con los de la escuela y yo asociaba esos libros y como siempre fui voto nulo a los estudios. Pues en realidad nunca le mostré interés a leerlos, sentía que me serian aburridos y no me aportarían nada para mí.

Cada vez que iba a la escuela era un día de horror, porque las personas me trataban mal solo por ser humilde, solo porque me faltaba dinero. Yo en verdad no prestaba mucha atención, me la pasaba solo toda la mañana en la escuela y los maestros me preguntaban qué ¿Por qué no hablaba o interactuaba con mi amiga? Y yo no les respondía solo escuchaba lo que ellos me decían, siempre haciéndole caso a mi abuela cuando me decía: que escuchara primero antes de hablar y si no quería hablar que no lo hiciera. Solamente escuchaba y callaba.

Mi abuela me dijo en unos de sus sabios consejos: "solamente escucha y si puedes sacarle provecho a alguna palabra o frase... sácasela, que más adelante te podría ayudar" los maestros solo me regañaban porque yo no les respondía, pero dentro de mi mente estaba trabajando para procesar todo y que me quedara un buen aprendizaje de todo el sermón que me daban. Miles de veces me llamaron la atención por no responder, pero enserio no lo hacía por no querer, lo hacía solo porque estaba haciéndola caso a mi abuela y tratando de aprender. Por si más adelante se me presentaba algo similar y así poder salir del problema.

Los maestros a veces también me trataban mal y me hacían malas caras cuando les preguntaba mucho sobre algún tema. Me miraban por encima de los hombros y eso me afectaba mucho en ocasiones, y me afectaba más cuando en mi barriga había un león. Era como que, si la vida me estuviera golpeando de todos lados, el hambre, mi humildad que no me afectaba, pero no siempre estaba fuerte ante esa situación, las personas, la discriminación que me hacían, malas caras, no me gustaba la escuela, el trato que me daban. Todo, absolutamente todo me aplastaba más y más.

Me sentía tan feliz al momento de que sonaba la campana de salida, para irme a mi casa y disfrutar del mismo camino todos los días. Iba por la calle y miraba los árboles, los pájaros, los coches que pasaban como diciéndome "algún día seré tuyo" y yo respondía "dentro de muy poco serás mío". Hacerme esas ilusiones en mi cabeza me mantenía ocupada la mente y me sentía bien pensar que algún día todos esos coches, toda esa comida seria mía, si yo trabajaba e invertía. ¿Pero cómo le hacía si no me dejaban?, la escuela poco a poco me fue disgustando cada vez más por todo lo que me hacían pasar dentro de ella, más mi mentalidad sobre los estudios se iban acumulando e iba creando una especie de odio hacia la escuela.

Llegaba a mi casita que, aunque cada día se deterioraba más, yo la miraba cada vez más bonita. Esa casa siempre me mantenía seco ante la lluvia y fuera del sol cuando se arreciaba, ¿Cómo no amarla? Para la vista de los demás era la más fea, pero para mí y mi familia era la más hermosa.

Cada día que pasaba miraba como no teníamos nada, y a veces nada de comer. Miré miles de veces a mi mama llorando fuera de la casa, y perdí la cuenta de cuantas veces vi a mi papa. Mi abuela, aunque estaba bastante viejita ella estaba al pendiente de todo, y cuando veía que algo pasaba me llamaba para contarme sus historias de cuando era joven, y como a mí me gustaban sus historias me quedaba escuchándolas, ellos no querían que yo los viera llorando, pero en realidad yo notaba todo lo que sucedía la mayoría de las veces. Era inevitable no ver como sus caras cambiaban cuando se nos apretaba la situación. Eso también me llenaba de impotencia porque no podía hacer nada, yo le contaba a mi abuela toda la impotencia que tenía por dentro y ella solo me abrazaba y me decía con su voz semi temblorosa "tranquilo hijito, tranquilo" no podía evitar llorar hasta mas no poder. Me descontrolaba llorando sobre sus hombros, y sobre sus hombros me tranquilizaba. Al levantarme dejaba toda mi impotencia en su desgastada tela de la ropa y sobre su arrugada piel de color canela.

Yo le pregunte a mi papa: ¿papa que puedo hacer para obtener dinero y ayudarlos?

El solo lanzo una sonrisa y me dijo: tranquilo hijo, pronto todo cambiara, no hagas nada solo estudia.

Esa respuesta me la sabía de memoria, yo la analizaba muchas veces y de miles maneras en mi mente.

Sacaba lo bueno y lo malo de esa respuesta y la guardaba en mi mente.

Le pregunte lo mismo a mi hermosa madre:

- ¿Mama que puedo hacer para ayudarlos?

Y obtuve casi la misma respuesta que me dio mi padre, solo que mi mama estaba un poco deprimida, se podría decir. Y me dijo que no sabía bien cómo responderme esa pregunta, pero que siguiera estudiando que mantuviera mis notas altas y siguiera adelante que pronto se arreglaría todo.

Aunque fue la misma respuesta de mi padre y ya tenía la respuesta analizada, yo la trate de analizar nuevamente tratando de sacar lo importante de todo lo que me dijo.

Espere que pasara la tarde y llegara la noche para preguntarle a mi abuela la misma pregunta. Yo sabía que ella me daría una buena respuesta, una que si me gustaría un poco más que la que me dio papa y mama. Llego la hora y me senté en la cama con mi abuela y le pregunté lo mismo:

¿Abuela que puedo hacer para ayudar?

Ella me vio a los ojos directamente. Pasó su mano por mi cabello frotándomelo y me dijo:

- Hijo tu siempre buscando una ayuda para la casa, siempre comportándote como un hombrecito estoy muy segura que cuando te den una oportunidad serás un triunfador en la vida. Tú tienes que seguir estudiando porque eres un niño aún, instrúyete tanto como puedas para que te puedas defender más adelante, pero puedes conseguir un trabajito a escondidas de tu mama y tu papa, para que puedas tener dinero y así compres cosas para ti.

En eso interrumpí a mi abuela y dije:

- Abuela yo solo quiero que comamos normal como cualquier otra familia.

Vi cómo se le humedecieron los ojos a mi abuelita y siguió dándome ese hermoso consejo.

- Bueno hijito será tu dinero y podrás gastarlo como quieras, pero quiero que tengas en cuenta que el dinero no es éxito hijito. El dinero solo te sirve para darte gustos, pero a la hora que estas triste no te sirve para nada, cuando mueres no te sirve para nada porque no te lo llevas contigo, incluso a veces dejan dinero cuando mueren y la familia se pelea solo por el dinero. Debes de saber que el placer no es éxito hijito. Gastar y gastar dinero no es éxito, el éxito es lo que aprendes a lo largo de tu vida, lograr lo que quieres, pero con tu sabiduría y el aprendizaje que te da la vida a lo largo de la misma.

En eso volví a interrumpir a mi abuela y le pregunté:

- ¿El placer no es el éxito? Entonces yo no tengo éxito porque estoy estudiando y no quiero, pero solamente lo hago por hacer feliz a mis padres, entonces, ¿yo no estoy siendo exitoso?

Mi abuela saco una pequeña sonrisita y me dijo:

- Para que voy a enredarte si ya entendiste bien lo que te dije.

En eso ella me dijo:

- Dime ¿Qué te haría sentir bien ahora mismo justo ahora?
- Trabajar, y ayudar a mi papa, y a mí mama a comprar comida abuela. Y luego quiero darle color a la casa, aunque así me gusta, pero si la pintara se vería más bonita. Y luego quiero un perro pequeño para criarlo como si fuera un hijo.

Eso me haría feliz.

Ella antes de empezar hablar me le quedé mirando y le dije:

- ¿entonces el éxito es ser feliz?

Mi abuela me miro.

- Estas en lo correcto hijito. El éxito es ser feliz teniendo, o no teniendo dinero. Solamente con estar aquí sentado frente a mí respirando y yo aconsejándote te estoy preparando para que seas exitoso, y yo estoy siendo exitosa ahora mismo porque me hace feliz aconsejarte.

- - Abuela somos exitosos todos los días, cada abrazo, cada beso, consejo, ver a mi mama, mi papa y a ti abuela, vivos, me hace muy feliz, quien lo diría soy tan exitoso así y ¿no lo sabía?

Mi abuela me miro y me dijo:

- Ese es el problema de las personas hoy en día hijito. Se concentran tanto en buscar el dinero que se olvidan que el verdadero éxito no es el dinero, es la felicidad. Si quieres buscarte un trabajo búscalo, y ayude para que sea más exitoso, y con ser exitoso el dinero y todo lo demás, que es algo secundario en la vida llegara a su debido momento. claro el dinero es importante pero no es lo principal hijo haber dime ¿ya sabes que es el éxito?

Yo me le quede mirando y salte a abrazarla. Ella siempre tan sabia dándome buenos consejos y diciéndome que puedo hacer.

En medio del abrazo le dije en voz de agradecimiento:

- Gracias por toda abuela, si ya me queda bien claro que es el éxito.

La abuela respondió:

- De nada hijito siempre estaré para darte consejos y ser exitosos juntos. Ahora vaya, salga y haga lo que le hace exitoso.

Al siguiente día me fui tan lleno de digamos éxito a la escuela que creo que todo el camino me fui debatiendo por dentro de mi todo lo que había hablado con mi abuela, con mi papa y mama, y claro también llevaba una mega sonrisa mental tan grande que no podría describirlo.

Me hice un mapa mental de los pasos que iba hacer al salir de la escuela, y ya tenía toda claro, y bien marcado en mi mente como seria todo.

Estuve toda mi mañana pensando y pensando todo absolutamente todo. Mi vida, y todo aquello que me hacía feliz, y no lo sabía. Y cada que pensaba mi mente aumentaba esa sonrisita, pase toda mi clase sin prestar ni la más mínima atención. Solo pensando, ansioso solo que terminara el día para salir corriendo a pedir trabajo y seguir mi mapa mental, al parecer cuando estás muy emocionado y esperando alguna hora, el tiempo pasa más lento que el hijo entre una tortuga y un caracol. Sentía toda esa emoción en mí, quería correr a comerme el mundo del trabajo tan rápido como fuera posible. Ganar dinero comprar comida, acomodar la casa y mi perro para ser exitoso. Eso era todo lo que quería, quería salir corriendo a mitad de clase solo para empezar de una vez por todas.

Esa fueron las horas más eternas de mi vida, por fin sonaba la campana de salida y ni siquiera espere que el maestro dijera pueden salir. No, nada. Agarre mi pequeño bolso todo roto, y agarre a correr como liebre cuando tiene un perro atrás.

Salí de la escuela y me fui caminando poco a poco, en el trayecto a mi casa había alrededor como 12 o 15 tiendas entre abastos y alguna que otras tiendas de comida y zapatos, en mi mente tenía claro lo que quería hacer, y el objetivo, pero antes de preguntar si había trabajo para mí en el camino a la escuela me iba dando cuenta en donde había más personas comprando. Dividí las tiendas por categorías, las de comida competían con las de comida, las de zapatos competían con las de zapatos, los abastos con abastos, y así iba.

Me hice en mi mente una escala donde las pondría en las de zapatos esta tienda tenía más compradores que la otra entrare acá primero, a ver si como tenían más afluencia de compradores sería más como complicado atender a tantas personas, y tal vez por eso necesitarían más trabajadores, en mi mente había muchas esperanzas de que así fuera.

Entre a la primera tienda de zapatos e hice mi pregunta

Buenas tardes señor, ¿no tendrá algún trabajo aquí para mí?

La respuesta fue un poco grosera de parte del señor que cobraba y dueño de la tienda me imagino. Porque estaba bien vestido y todos le preguntaban a él.

Me fui con mis esperanzas igual de altas apenas era la primera tienda que entraba a pedir trabajo, fui a la segunda y un mismo no, la tercera, la cuarta, la quinta y en todas recibía el mismo no.

Fui pasando por todas, iba por la 13 ya casi terminando en todas las tiendas que había visto, y mi esperanza estaba por el suelo. En verdad me quería ir a mi casa y ni siquiera pasar por las 2 tiendas que me quedaban. Entraba con cara como de perro regañado, ya bien triste por tantos "no" que había escuchado, entre a la tienda y antes de preguntar me senté en una silla que tenían ellos para los clientes, me puse a pensar ¿para qué voy a preguntar? Si voy a obtener las mismas respuestas, que soy muy pequeño, que no tengo tamaño, que vaya a estudiar, fuera de aquí mocoso y otras más. Me pare de la silla y ya bien derrotado me Salí de la tienda sin siquiera preguntar. Y me senté en la acera a ver a los coches pasar y a las personas, el sol estaba bastante fuerte, el hambre casi que hacía hablar a mi estómago, más la decepción que me estaba llevando. Todo se combinaba perfectamente para hacerme sentir bien mal.

Todo me abrumaba y ya no podía contener mis lágrimas, empecé a llorar desenfrenadamente, metí mi cabeza entre mis piernas y trataba de no   hacer ruido porque las personas me mirarían y me preguntarían ¿qué era lo que me pasaba? Y en ese momento no tenía cabeza para mentir, si me preguntaban seguramente iba a llorar más, y andaría dando lastima por la calle y no tenía que ser así.

Apenas me medio calme ya bien triste, al levantarme de la acera pego un fuerte viento que levanto un poco de tierra y me entro en los ojos. Yo los cerré por la incomodidad de la tierra en mis ojos, en eso siento que se me pega algo de la pierna como una bolsa, no podía abrir los ojos porque me incomodaban. Ya cuando logre limpiármelos de algún modo, que los abrí note que en mi pierna estaba una hoja. Era algo así como una revista o un libro. Solo sé que al agarrarlo pude notar un dibujo bastante gracioso era un hombre con las piernas bien largas con una barba blanca y un chaleco de los estados unidos. Sabía que era la bandera de estados unidos porque en mi libro estaban las banderas del mundo y esa en especial me llamaba la atención.

En verdad el dibujo me llamo tanto la atención. Y vi que tenía como una pequeña historia al lado del dibujo, en vez de irme a mi casa a ver si mi mama había podido cocinar, me senté de nuevo y me puse a detallar al dibujo tan gracioso, me volví a limpiar los ojos porque me los sentía un poco incomodos aún.

Me sequé las pocas lágrimas que aun caían por mi mejilla y me puse a leer la pequeña historia que tenía el dibujo, la historia contaba:

Que un hombre fracaso en los negocios y cayó en bancarrota en 1831. Fue derrotado para la legislatura de 1832. Su prometida murió en 1835. Sufrió un colapso nervioso en 1836. Fue vencido en las elecciones de 1836 y en las parlamentarias de 1843, 1846, 1848 y 1855. No tuvo éxito en su aspiración a la vicepresidencia en 1856, y en 1858 fue derrotado en las elecciones para el senado. Este hombre era Abraham Lincoln, elegido presidente de estados unidos en 1860.

Enserio esa pequeña historia me hizo erizar la piel, era como un mensaje enviado por la vida o por dios, fue algo muy raro, pero me devolvió las esperanzas al cuerpo, me hizo levantar el ánimo más alto de cuando estaba empezando a preguntar. Supe que no debía rendirme y debía seguir adelante sin necesidad de estar quejándome y llorando, porque no salió como esperaba lo que yo creía que podría salirme bien.

Me levante con el ánimo bien arriba y camine a la última tienda. Era una carnicería, y pues si me quedaba bastante cerca de la escuela, casi que a 4 casas algo así. Me devolví porque ya estaba bastante lejos de la escuela y no quería desordenar el plan que tenía en la cabeza porque según yo donde más personas compraban más empleados necesitaban, era mi lógica, pero tal vez no en todos los negocios sea como pensaba.

Regrese caminando, eran como las 12 casi 1 pm. el sol estaba bastante fuerte y el asfalto ya no era muy amigable con mis pies. Llegué a la carnicería, y vi que estaban bajando algunas partes de una vaca y el suelo se había manchado de agua con sangre de la parte del animal.

Me acerque al señor y le iba hacer aquella pregunta que ya la había repetido 13 veces de la misma manera, pero esta vez cambiaria la manera de cómo hacer la pregunta. Supuse que si no me salía bien un plan tenía que buscar otro plan, y así seguir hasta que alguno me sirviera y me diera frutos como Abraham Lincoln me había enseñado indirectamente.

Me acerqué al señor y puse mucha educación. Claro en las otras tiendas llegaba y solo preguntaba que si tenían trabajo para mí pero en no todas había sido educado. Educado en la manera de decir buenas tardes señor, y esa forma de hablar, pero en este si la iba a implementar.

Hice la pregunta de aquella forma educada que había en mí pero que nunca la daba a expresar.

- Buenas tardes señor ¿Cómo esta? ¿Le puedo hacer una pregunta?

El señor se me quedo mirando detalladamente y me dijo:

- Buenas tardes hijo, claro dime te escucho.

En ese instante note que ser educado cambio la manera de cómo me daban las respuestas, y eso era una muy buena señal. Sabía que podía obtener algo de acá, en ese momento solté mi gran pregunta.

- ¿Qué posibilidad existe de que usted me diera trabajo acá en su negocio señor?

El señor se puso a reír y me dijo:

- Estoy completo, en verdad si tuviera un puesto para ti te lo diera. Me gusto la forma tan educada como lo preguntaste, pero ahorita no puedo.

Eso fue malo para mis oídos y mi ánimo bajo un poco, pero nunca rendirme retumbaba en mi cabeza de lado a lado. Note como pasaban la carne y todo eso. El suelo estaba bastante manchado y mojado, supe que esa era mi oportunidad de trabajo, me recordé del consejo que me dijo mi abuela "tocar la puerta no es entrar hijo" y ese consejo me hizo insistirle al señor de la carnicería. En qué momento tan bueno me vine a recordar de ese consejo.

- Señor disculpe ¿y esa sangre, y mojado cuando lo limpian ustedes?

El señor dijo:

Al cerrar en la noche.

-MÚSICA PARA MIS OIDOS-

Supe que había conseguido trabajo, algo me lo hacía saber. Al instante en que el señor término de hablar le dije:

- Yo puedo limpiarle todo el local todos los días señor, a esta hora. Ya que es la hora que salgo de la escuela, y bueno así usted me da algo de dinero o me da mi paga en carne ¿Qué le parece?

- me gusta tu entusiasmo. Y ¿de tan pequeño quieres trabajar? Me haces recordar a mi cuando estaba pequeño. Está bien, ¿pero ¿qué? ¿vas a limpiar ahora mismo?

-

- Si señor cuando ellos terminen yo limpio todo. Y me voy, porque tengo que ir a comer, gracias por la oportunidad señor.

- no hay problema hijo. Acá obtendrás trabajo cada que quieras de ahora en adelante.

Supe que lo había hecho excelente. Todo encajo perfecto: la brisa, la historia, la sangre, el consejo de mi abuela. Todo fue puesto para este momento. "mi abuela se pondrá muy contenta cuando le cuente" dije dentro de mí. Pero aparte de eso estaba siendo exitoso a un nivel muy, pero muy alto. Porque todo lo había logrado yo solo. Me di de cuenta que yo podía, y que si me rendía no iba poder ser exitoso en la vida. Y que estar todo llorón, no me iba a ocasionar nada bueno.

Bajaron todo del camión y empecé a coletear todo. Me dieron algunas esencias para el olor, y pues las utilice y todo quedo bien, el señor me dijo desde el mostrador:

- Este bien hijo. Mañana ven para que hagas lo mismo, ve a comer.

Sonreí y al salir me llamo de nuevo.

- (GRITO) ven acá.

Me regrese. Me habían dado un poco de dinero por haber trabajado ese momento. Eso me lleno de esperanzas, y me fui con una felicidad a mi casa de otro mundo. Eran casi las 3 de la tarde y no había llegado a la casa, seguro mi mama estaba como loca esperándome.

En el camino a la casa iba pensando todo lo que me había pasado, iba notando que si me lo proponía podía conseguir lo que quisiera. Solo quería llegar para contarlo todo.

Llegue a la casa, y sentía un pequeño ardor en mis pies. El asfalto había hecho de las suyas, llegue y afortunadamente mi mama había cocinado un poco de arroz. Me senté, comí, y luego fui a contarle a mi abuela.

- Abuela. conseguí un pequeño trabajo en una carnicería cerca de la escuela.
- Me lo sospechaba hijito. Porque habías tardado mucho ya para llegar a la casa.

-

-No fue nada fácil abuela. Hice un pequeño mapa en mi mente de los negocios que más personas iban. Porque pensaba que como iban más personas necesitaban más trabajadores. y lo que recibía eran malas respuestas, y malos tratos, fui preguntando uno a uno en cada negocio y ya cuando me faltaban dos al final no quería hacer más nada porque estaba ya desanimado, me senté en la acera y empecé a llorar. Pensaba que sería muy fácil, luego de pasar un momento llorando, cuando decidí que me iría a la casa que me levante pego una fuerte brisa y me llenaron los ojos de arena. Me quede en el lugar porque no podía caminar sin ver a donde iba, y sentí que me pego algo en la pierna abuela, era una revista algo así y cuando me limpie los ojos que la vi me dio mucha risa un dibujo.

Al lado tenía unas letras y me puse a leerlas, era Abraham Lincoln y decía como fue presidente de estados unidos, ese hombre paso por miles de cosas abuela murió su esposa, perdió muchas veces y luego fue presidente, esa historia me hizo seguir adelante, me levante y fui al siguiente negocio, pregunte con buenos modales porque en las tiendas anteriores no lo había hecho, y recibí muy buena respuesta. El señor me dijo primero que no tenía trabajo, pero como vi que estaban bajando carne y estaba manchado el suelo le dije al señor que, si quería, yo le limpiaba el suelo. Y el señor me dijo que si abuela, me dio todo para limpiar, y trabaje. Cuando ya me iba a ir me dio este dinero abuela ¿ahora qué hago con él?

- Has lo que te haga más feliz hijo.

- pero abuela, ¿lo puedo gastar en comida?

- ese dinero es totalmente suyo, yo no puedo opinar en algo que no es mío hijo. Es hora de que empieces a actuar tú mismo de que hacer o no hacer con lo que te ganas. Y eso no quiere decir que dejare de aconsejarte, no. Solo es para que vayas aprendiendo de los posibles contratiempos que tendrás

Pensé bien en ese momento lo que me había dicho mi abuela y llegué a una solución del poco dinero que había agarrado.

-   Abuela. Tomare la mitad del dinero y lo guardare, y la otra mitad la tomare para comprar algo de comida.
-   Es una buena decisión, sabía que tomarías una decisión así.
-   ¿Y cómo lo sabias abuela?
-   Tengo muchos años conociéndote hijo, casi se lo que piensas y lo que no piensas. Escucha bien esto: la importancia de conocer tanto como puedas a una persona te hará hacerla tratar como es debido en un debido momento. Cuando conoces bien a una persona, sabes cómo es su forma de ser y su manera de cómo actuar ante problemas. Si tú tienes un problema un problema con tu papa ¿Cómo actuarias?
-   Me quedaría callado.
-   ¿Por qué?
-   Porque si respondo de una manera que no es me pegarían.

-   Viste, eso quería que entendieras. Claro está que no en todos los problemas será así, pero lo que te quiero dar a entender es que sabrás como tratar a una persona ignorante cuando este molesta o estés en otra ocasión, y eso te ayudara cuando tengas tu negocio.

Mi abuela era como un libro de todo, creo que cada consejo era porque ella sabía cómo eran las personas, o como actuaban cuando estaban fuera de sus casillas.

Yo solo tenía que escuchar y aprender.

Paso el día y se asoma lo noche, y yo solo quería que amaneciera para ir a trabajar. Lo malo era las horas que tenía que pasar en la escuela, pero todo se recompensaba después con el trabajo y las horas que iba a pasar limpiando, una cosa compensaba la otra.

Mi felicidad no era normal, era muy grande y se notaba a kilómetros de distancia. Mi madre se dio dé cuenta de mi cara de entusiasmo que tenía y no dudo en preguntarme:

-   ¿Qué tienes? ¿y toda esa felicidad?

Yo solo sonreí y me acosté mirando el techo. No quería levantar ni un poco de sospecha de lo que estaba haciendo, así que luego de acostarme me tape por completo para que mi felicidad no me delatara.

Amanece y como de costumbre mi madre me levanta temprano para acomodarme e irme a la escuela. Pero mi intención era otra, no quería ni aparecer por la escuela, yo quería era irme a trabajar y no entrar más a la escuela. Pero sabía que eso le caería mal a mi madre así que lo pensé bien y me quede con la opción que tenía anterior, que era al salir de la escuela ponerme a trabajar y así fue como deje las cosas en mi mente.

Salí de la casa y pasé por el frente de la carnicería. Estaba el dueño afuera y no dude en acercarme para saludar.

-   ¿Cómo estás? ¿vas a estudiar?

- Si, tengo que ir mi mama me manda.
- ¿y que ya no quieres estudiar más? Porque apenas estas empezando.
- Si le soy sincero, no quiero. Pero mi mama quiere que siga estudiando, cuando yo le digo que podría estar el tiempo de la escuela trabajando y ganando dinero para comprar comida, y otras cosas.
- Tienes razón, pero estudiar es importante.
- Lo sé, pero es difícil hacer algo que no me gusta.
- A eso sí.
- Bueno, ya me tengo que ir. Vengo al salir de la escuela.
- Vaya hijo, tranquilo.

Le di la mano y emprendí mi camino a la escuela, todo desanimado y sin ganas, pero tenía que ir.

Entre al salón de clase y pase todo el tiempo pensando, sobre ¿Qué hacer con el dinero que me ganaría? Era una decisión difícil porque a mí corta edad no sabía casi nada sobre que comprar para revender y ver ganancias.

Cuando menos me di de cuenta ya el tiempo había pasado, y tenía que ir al mejor momento de mi día a trabajar. Me fui casi que corriendo a mi nuevo trabajo y llegué a la hora que tenía que entrar.

- Ya estoy aquí para trabajar señor, Usted mande.
- Dime Ramón hijo, cuando me dicen señor me siento viejo y eso que tengo 58 años. Soy muy joven aun para que me digan seños. (sonrisa)
- Si lo mismo digo. (yo siguiendo la corriente)
- Bueno hoy toca limpiar los vidrios de los mostradores. Acá tienes todos los implementos.

Agarré todos los implementos que tenía que agarrar y empecé a trabajar. Cuando termine mi trabajo eran las 2:30 pm y el señor ramón dice:

- ¿Ya terminaste? Si quieres te puedes ir.

Yo pensé y respondí:
- No señor ramón, mi hora de salida es a las 3 pm, faltan 20 minutos aun, tengo que cumplir. Así me enseño mi familia.

El señor ramón se puso a reír y se regresó hacia adentro.

Cuando se hicieron las 3 pm me fui a mi casa, y al llegar estaba mi mama en la puerta.
- ¿Qué tú estás haciendo que llegas tan tarde?

Pensaba que ya me habían descubierto, o que alguien le había dicho lo que estaba haciendo. Pero decidí calmarme y responder sereno.
- Nada mami, solo me vine caminando y me distraía mucho.

Era la escusa más estúpida que podía haber dicho, mi mama me miro con una cara de "no te creo" y se metió hacia adentro para dejarme pasar. Pero el olor de los implementos que me habían dado impregnaba mis manos.

- ¿eres tú que hueles así?
- No mama, yo no.
- Qué raro que huela así.

Tenía que cuidarme la próxima vez, cuando me viniera iba a limpiar muy bien mis manos para no levantar sospechas.

Comí lo poco que habían hecho en la casa de comida y me acosté a dormir unas horas. Por fortuna no tenía nada de tareas, así que tome un tiempo de descanso.

Al siguiente día la misma rutina, el momento malo era la escuela, y el momento bueno era el trabajo. Todos los días era lo mismo.

Así pasaron 2 semanas, y ya las llegadas a las 3 de la tarde eran más que sospechosas, mi mama no me decía nada, pero ya las mismas escusas no estaban funcionando. En realidad, nunca funcionaron, pero ahora funcionan menos, intentaba evadir las preguntas diarias de mi mama, pero, siempre me agarraba desprevenido y me preguntaba lo mismo siempre, pero de diferentes maneras. Mis respuestas eran algo diferentes, pero no funcionaban.

No me gustaba mentirle a ninguno de mis familiares, pero si decía la verdad de seguro me obligarían a abandonar el trabajo, cosa que no quería.

Era un viernes, y como de costumbre me fui a la escuela a "estudiar" no había ni entrado y ya quería que tocara timbre de salida sonara para perderme ir a trabajar. Llego la hora de salida y me fui hacia mi trabajo, me acomode puse mi mochila en una silla y empecé a buscar mis implementos de limpieza. Al empezar a limpiar el sol me pega de frente y mis ojos no resisten la fuerte luz, pero veo como poco a poco se pone en medio del sol una sombra, no podía verle la cara solo logré ver una falda más debajo de las rodillas y supuse que era una señora. No le preste atención al ver como ponía sus dos brazos en la cintura, algo así como malhumorado. Pensé que era cuestión de un mal día de la señora, así que seguí haciendo mi trabajo sin prestar ningún tipo de atención.

En cuestión de 1 minuto siento que la señora se pone en frente de mí, pero yo estoy arrodillado limpiando una mancha de sangre. En lo que veo los zapatos, noto que están algo deteriorados y también se me hacen conocidos, al parecerme conocidos alce la mirada. Y sorpresa al ver que la señora con pose malhumorada era nada más y nada menos que mi madre.

El terror recorrió todo mi cuerpo y mis huesos se tornaron débiles. Sinceramente no podía pararme pareciera que mis piernas tenían un temblor magnitud 10.5 en cada una. Pude sentir como mi cara cambio de color y la cara de mi madre cambiaba y se tornaba más molesta.

- ¿Dónde está el dueño de este negocio? (grito mi madre)
- Si, aquí estoy señora ¿Qué se le ofrece? (respondió de una manera muy calmada el señor ramón)
- Quiero que me dé una explicación del ¿Por qué mi hijo está trabajando aquí?
- Intente decirle a mi mama la razón del porque yo estaba en ese lugar trabajando para no meter en problemas al señor Ramón. Pero mi madre me interrumpió y me dijo:
- No digas nada. que tú y yo hablaremos en la casa.

Creo que interrumpirla fue una mala decisión ahora estaba en una posición peor, sabía que la paliza que me darían era gigantesca.

- No hijo, tranquilo. Tú no tienes que dar explicación de nada. (respondió el señor Ramón aún muy calmado)

- ¿Usted no sabe que no le puede dar trabajo a menores de edad? ¿y que necesita un permiso mío para que pueda trabajar aquí?

- Si señora, yo lo sé. Pero tranquilícese, que si yo le di trabajo a su hijo fue porque me nació del alma, porque el busco la manera de cómo ganarse mi respeto y su trabajo. Usted no sabe la clase de hombre que tiene al lado, un hombre trabajador y capaz. Sin flojera, y hace su trabajo de una manera muy buena. Eso es lo que usted debería de ver y felicitarlo. Por lo menos no está en malos pasos y se gana su dinero de una buena manera y honrada.

En eso vi como mi mama bajo la molestia que tenía. Todo gracias a la calma con la que hablo, y las palabras claves que dijo el señor Ramón.

En ese momento de terror y miedo por la paliza que me darían, aprendí algo nuevo. Mantener la calma en malos momentos me podía dar buenos resultados que quisiera tener, así como también saber decir las palabras correctas, con respeto.

Mi madre me miro y sin dirigirle ni una palabra más al señor Ramón, me apretó de la mano dio media vuelta y nos fuimos del negocio. Pero había dejado mi bolso y todo lo demás en el lugar.

Por el camino mi madre no me dijo absolutamente nada, ni tampoco llego a soltarme la mano. Sabía lo molesta que estaba porque para ella lo más importante en este mundo era estudiar, y estudiar. Cuando mi mentalidad era lo contrario a la de ella. Para mi todo era trabajar un tiempo, invertir, y ser mi propio jefe.

Llegamos a mi casa y mi papa estaba sentado en la cama con las dos manos en la cabeza, mirando hacia abajo. Supe que había problemas, y mi mama al verlo se olvidó unos segundos de mí y pregunto.

- ¿Qué pasa julio? ¿Qué tienes?
- No nada amor, solo que no me pagaron el dinero que debían pagarme hoy por lo que hice en la casa donde estaba construyendo y no tenemos nada para comer.

Sabía que ese era mi escapatoria de la paliza que me darían, así que decidí adelantarme a los hechos y di un paso más adelante del problema para adelantarme.
- Papa, yo tengo dinero para comprar comida para un mes y así no te preocupes más por un buen tiempo.
- ¿Dinero? ¿de dónde sacaste dinero Ángel?

- Estuve trabajando a escondidas papa, por eso siempre llegaba tarde.
- ¿TRABAJO? ¿Cómo que trabajo? (voz y cara de sorprendido)

Mi mama me miró, y miro a mi papa y no dudo en responder por mí.

- Tu hijo estaba trabajando después de que salía de la escuela.
- ¿eso es verdad? (Mirándome)
- Si papa. (respondí tranquilamente)

En eso sabía que todo se me saldría de control, pero sabía que tenía que actuar. Me solté de la mano de mi mama y corrí hacia donde tenía guardado el dinero de las semanas que estuve trabajando. Saque una buena cantidad y me regrese hacia donde estaba mi papa y se la puse en las manos.

- Aquí está para que compren algo de comida y no se preocupen de eso por uno buen tiempo. (respondí muy calmado y con respeto)

Mi papa miro a mi mama, y me miro a mí, y no aguanto. Las lágrimas cayeron de sus ojos y sabía que ese era el momento apropiado para darles mis razones del ¿Por qué yo estaba trabajando? Y comprendí en ese momento por qué mi mama no me dejo hablar en el negocio del señor Ramón.

Simplemente ese no era el momento para dar mis razones, el destino no fue justo en ese momento, pero lo está siendo en este preciso momento.

- Yo empecé a trabajar en la carnicería del señor Ramón porque ya estaba harto de ver como a veces no comíamos nada. yo quería utilizar ese dinero para invertirlo y de la ganancia de la inversión comprar comida y decirles lo que estuve haciendo, pero todo se me adelanto. Deja de llorar papa que, así como salimos de esta ahora, saldremos de todas las demás que vengan.

Siempre hable con respeto y calmado. Imitando al señor Ramón. Todo se calmó y mi papa se paró y limpio sus lágrimas.

- Gracias hijo.
- No es nada papa.

La paliza ya no me la darían, pero el sermón que me darían si no podía evitar.

- Ángel usted debe estudiar, concéntrese en eso. Después que usted salga de la escuela puede trabajar, pero no dejaras de estudiar, aun así. Mañana mismo ira a donde el señor del negocio y le dirá que no trabajara más. ¿me explique bien?
- Si mama.

No tenía otra opción, así que eso era lo que iba hacer al siguiente día, aunque no quisiera. Si no lo hacía bueno. Hay si no me salvaría nadie de la paliza que me darían.

Me fui a acostar, pero antes mi abuela me llama.

- ¿si abuela? ¿quiere agua o algo?
- No hijito, solo quiero hablar contigo.
- Claro abuela, hablemos.
- Tienes guardado más dinero ¿verdad?
- Si abuela, solo le di a mi papa la mitad de lo que tengo guardado.
- ¿y qué piensas hacer con la otra parte?
- Quería comprar algo para venderlo abuela.
- Esa me parece una buena idea, pero. ¿Qué compraras?
- No se abuela. Primero quiero salir del trabajo mañana, y mañana hablamos bien sobre las ideas que se me ocurran.
- Este bien hijo me parece bien.
- Buenas noches abuela. (beso en el cachete)
- Buenas noches hijito. (voz temblorosa)

Aparece el sol y me despierta mi madre. Lo primero que me dice al despertarme:

- Recuerda lo que tienes que hacer hoy.

Mas dormido que despierto, respondo:

- Si mama, lo sé.

Me acomodo, me pongo la ropa de la escuela y salgo hacia la escuela.

En el camino a la escuela iba muy pensativo, analizando que podía hacer para no retirarme del trabajo, pero todo estaba difícil.

Casualidad de la vida que al pasar por el frente del negocio del señor Ramón estaba en la calle hablando con un señor y me logro ver. Al verme y hacerme una seña de que fuera para allá fueron dos cosas instantáneas. Igual tenía que ir a buscar mi mochila que se había quedado en el negocio.

- Hola, cuéntame. ¿Qué hizo tu mama?
- No, nada señor Ramón. Por suerte pude evitar la paliza que me darían.
- Por lo menos muchacho. ¿y podrás seguir trabajando?
- Mi mama me dijo que hablara con usted, y le dijera que ya no podía trabajar con usted. (mi cara de perrito regañado)
- Tranquilo hijo, esas son cosas que pasan. De seguro vendrán cosas mejores para ti. Cuando salgas de la escuela te pasas por acá.
- Está bien señor Ramón, gracias.
- De nada, cuando quiera venga que aquí tendrá trabajo.
- Está bien, señor Ramón. Gracias nuevamente.

Me fui a la escuela, pensando por qué el señor Ramón me dijo que pasara por su negocio al salir.

Entre a clases y el tiempo paso más lento que lo lento, estaba desesperado ya en saber por qué tenía que pasar por ese lugar nuevamente.

Suena la alarma y salgo como bala del cañón de un arma más rápido imposible. Al ir llegando al negocio los nervios se apoderan de mí y no puedo contenerme en saber ¿Qué sería lo que me dirían?

Llego al negocio y le digo a uno de los empleados que trabajaban conmigo que llame al señor Ramón. El chico va y lo llama y me mandan a dar decir:
- Que pases a su oficina.
- Ok, gracias.

Pase a su oficina, y lo veo de espalda acomodando unos papeles.
- Buenas señor Ramón, aquí estoy como dijo.
- Hola vale, si aquí estas. Bueno primero que nada te quiero dar esto.

Abre su gaveta y saca un sobre algo abultado.

- Eso es tuyo. Te lo ganaste con tu empeño, dedicación y ganas de trabajar. Además de un bono por buen trabajador y puntual.

Eso me tomo de sorpresa, yo no sabía cómo actuar.

- Agárrelo que ese dinero es suyo. pero te quiero decir una cosa Ángel, las personas como tú con ese empeño y deseo de superarse, siempre alcanzan lo que quieren, y se convierten en personas muy grandes. Solo que debes controlarte cuando estés en la cima, siempre acordándote de dónde vienes, de tus raíces, la humildad siempre saca la cara por las personas. Nunca te vuelvas loco y engreído cuando tengas suficiente dinero, recuerda que, así como llega el dinero se esfuma.

Ese consejo me dejo desorientado y fuera de sí, ese consejo había llegado a mi corazón. Era como una señal para que me comportara en el futuro. Solo vi a los ojos al señor Ramón y le agradecí con todo el alma y par de lágrimas en los ojos.

- Gracias por todo, señor Ramón. Muchas gracias.
-
- No hay problema hijo, Personas trabajadores como usted si provoca ayudarlos. Vaya a su casa tranquilo, y piense bien lo que hará con ese dinero.

Al terminar de decirme esas palabras le pegan un grito al señor Ramón que había llegado el camión para surtirlo de carne. Y él se paró y nos fuimos hacia afuera. Al ver toda la cantidad de carne que iban a bajar me quede a mirar. Y escuche al señor Ramón hablando del valor de cara vaca completa, así que se me ocurrió una idea y espere a que terminaran todo para hablar con el señor Ramón.

Pasaron alrededor de una hora y media, y al terminar todo me le acerque y le pregunte:
- Señor Ramón.
- Si dime.
- ¿Cuánto es el valor una vaca entera?
- ¿el valor? El valor es de 2,50 $ por kilo, y varia depende el peso. Me explico 200 kilos de una vaca, a 2,50 $ serian 500 $ y tú lo puedes vender a 4,20 $ el kilo para que le ganes 1,70 $ tu ganancia neta seria de 340 $.
- ¿Y este dinero que usted me dio alcanza para una de esas vacas?
- Si alcanza, y sobran como 100 $ más hijo.
- Señor Ramón ¿usted podría venderme una vaca de esas? yo se la pago con este dinero, quiero empezar a vender algo para invertir.
- Claro que si hijo, ¿Cómo no?

Me paso al congelador donde estaban todas las vacas guindadas y picadas.

- ¿cuál quieres?
- Escogí la más grande y gordita.

El señor Ramón saco su cuenta.

- Son 550 $ hijo.
- Tome señor Ramón.

Le di todo el sobre al señor Ramón y le dije:

- Agarre el sobre completo, señor Ramón. Así le gana un poco a la vaca. Y no diga que no porque ya siento que estoy abusando de su confianza y amabilidad.
- Para nada hijo, usted se ha ganado todo eso. Tome sus 100 $. Esos son suyos.

Yo no quería agarrar los 100 $ así que decidí hacer algo para que él se quedara con ese dinero.

- Sabe qué hace días, cuando estaba guardando todo el implemento de limpieza vi un pero viejo arriba de una caja por allá atrás ¿sirve?

- ¿tú dices el azul?
- Si ese mismo el azul de allá atrás.
- Si ese peso sirve, ¿por qué?
- Véndamelo por esos 100$
- Tu eres una pila hijo. Está bien no peleare más contigo, me ganaste llévatelo. (con una sonrisa en la cara)

Había logrado mi meta, ahora emprender seria mi otro objetivo, no estaría demás pedir algún consejo al señor Ramón. Ya que tenía años en ese negocio y sabría bien como aconsejarme.

- Señor Ramón, ¿Cuál usted cree que sería la mejor forma de vender?

- La forma como te explique qué podías venderlo, aunque te digo la verdad el kilo de carne, está en 5,20 $ justo ahora. Pero yo lo dejo en 4,20 para que la clientela llegue más. Tienes que saber que las personas cuando ven una rebaja así sean de 1$ prefieren comprar donde está la rebaja, ¿razones? No las se hijo, pero funciona.

- ¿Vender más barato? Pero ganaría menos señor Ramón.

- A veces es mejor vender todo barato para que la mercancía se venda rápidamente y poder pedir un cargamento, a que vendas todo lento y pedir un cargamento cada largo tiempo. Me explico si vendes 800 kilos de carne a 4,20 serian 3320 dólares. Tu ganancia seria de 1330 $, cada mes solo por vender más barato que los demás, mientras que los demás solo por poner un dólar de más ganan 2160 $, ganarían 830 dólares más que tu cada dos meses o mes y medio. O sea, tu ganas 1330 por mes y ellos 800$ más que tu cada un mes y medio o 2. ¿me entiendes?

En mi mente anotaba todo, y captando todo lo importante que me decía el señor Ramón. Todo concordaba y era un buen método de venta. Así que ese método me gusto lo suficiente como para ponerlo de primero en mi futura venta.

- Ya entendí señor Ramón, muchas gracias por sus consejos. Le diré a mi papa para venir a buscar la carne.
- ¿tienes dónde meter toda esa carne en tu casa?
- No señor Ramón, no había pensado en eso.
- Tranquilo, puedes guardarla acá. Y aquí yo mando a los que despresan que te la piquen. ¿tienes para comprar bolsas?

Me recordé que en la casa me había quedado la mitad del dinero que tenía guardado.

- Si, en la casa tengo guardado el dinero que me había pagado usted por el mes que trabaje con usted. ¿Cuántas bolsas puedo comprar?
- Compra 500 bolsas, saldrían en 50 $. Eso te alcanza y capaz y te sobre algunas.
- Entendido señor Ramón, mañana las compro y vengo a traerlas.
- Mejor has esto. Cuando alguien te pida carne, tu traes 10 bolsas acá la ponemos en las bolsas, y la que sobre te las vuelves a llevar ¿te parece?
- Si señor Ramón, me parece una excelente idea.

Me fui corriendo a mi casa, contento por lo que había logrado gracias a mi trabajo. Era obvio que si no hubiera trabajado no hubiera tenido esa vacota que compre, los estudios podrán ser muy importantes, pero yo me compre la vaca gracias a mi trabajo. Sinceramente yo no había nacido para ser un súper abogado. Yo había nacido para ser yo mi propio jefe.

Llegue a la casa con la respiración bastante agitada por la corrida emocionante que me había lanzado.

- ¿Qué te paso?

Pregunto mi mama al verme acelerado, mi papa se paró muy rápido y mi abuela clavo su mirada en mí.

- No pasa nada, solo que vengo muy contento. (con voz acelerada)
- ¿Sacaste una buena nota?

Pregunto mi mama.

- Algo mucho mejor que eso mama, compre una vacota de 220 kilos. El señor Ramón cuando fui a decirle que ya no trabajaría con él, me dijo que pasara en la tarde cuando saliera de la escuela. Y cuando fui me dio un sobre de liquidación, y un bono por buen trabajador. Yo vi como bajaban las vacas del cargamento picadas y le pregunté al señor Ramón ¿Cuánto costaba una? Y me dijo el valor, lo que estaba en el sobre me alcanzaba para comprar una, y la compra. Ahora voy a vender carne, y seré el más grande entre los grandes. Padre mañana quiero que me acompañes a comprar bolsas, y haremos un cartel para vender carne por encargo. Me refiero a que las personas nos pedirán y al siguiente día se la daremos en sus bolsas la cantidad que pidieron.

Mi papa, mi mama y mi abuela se me quedaron mirando como diciendo "ESTA LOCO" pero me recordé que el señor Ramón me había dado una factura de la compra con mi nombre. Y ese era el momento para mostrarlo.

- Miren que no es mentira, aquí tengo la factura.

Mi papa me la quito de las manos, y al ver la factura se quedó sorprendido y se sentó. Luego me miro y me dijo:
- Hijo ven acá. (con voz molesta)

Me acerque de una manera poco convencida, y al quedar muy cerca del, se lanza sobre mí y me da un fuerte abrazo. Y susurro a mi oído.
- Gracias hijo. Y gracias a dios por ponerte ese espíritu trabajador que tienes. Mañana iremos a comprar las bolsas, y cuenta conmigo y con todos nosotros para este nuevo comienzo.

Se despego de mí y dijo:

- Has demostrado que puedes hacer grandes cosas. Así que cuando termines la escuela, si quieres estudiar, estudias o si no te tendrás que poner a trabajar.

A trabajar era lo que yo quería, y sin titubear miré a mi mama y dije:
- Yo voy a trabajar.

Mi mama no dijo nada. Y mi abuela soltó un par de aplausos en señal de mi logro obtenido.

Al parecer las personas te toman en cuenta como capaz de lograr hacer algo cuando lo haces. Te toman enserio cuando haces lo que quieres realidad. Por eso yo iba hacer todo realidad para tener el respeto de todos y demostrar que yo no era solamente hablar por hablar.

Solo me quedaba esperar terminar la escuela, para fortuna mía solo faltaban unos 3 meses como máximo.

Al siguiente día nos fuimos directo al mercado a comprar las bolsas, mi papa tenía cara contenta y yo también. Y era obvio, íbamos a empezar algo que nos daría dinero como para comer bien y acomodar la casa. Ese era la segunda meta. Porque la primera era comprar dos vacas de la ganancia y de esas dos agarra una parte y acomodar cuanto se pueda la casa.

Compramos las bolsas y nos regresamos a la casa. Me senté con mi mama y le dije para hacer un cartel que diga lo que estamos vendiendo y el valor por kilogramo, y así fue. Hicimos el cartel más llamativo posible para la venta, y al terminar de hacerlo fui y lo colgué frente a la casa, para empezar a vender. Habíamos colocado que era por encargo y al siguiente día se daría todo lo que pidió.

Pasaron 2 días, y aun no se vendía ni un kilogramo, y el desespero me invadió. No aguante más y fui a donde el señor Ramón.
- Señor Ramón, aun no eh vendido nada. ¿por qué?

- ¿Cuántos días tienes que pusiste el cartel?
- Dos días.

Note una sonrisa en la cara del señor Ramón y me dijo estas sabias palabras:

- Eres un niño aun, Así que te diré por qué para que aprendas. Debes de saber que las cosas no son tan rápidas como crees que son, o como quieres que sean.
- Apenas las personas están mirando tu cartel, y es cuestión de tiempo para que tengas tu primera venta. Solo debes calmarte y tener mente positiva.
- ¿Quién dijo que las cosas buenas llegan rápido? Las mejores cosas toman su tiempo para llegar. Además, debes de saber que si no has vendido nada debe ser porque dios tiene algo mucho mejor para ti. Mantener la mente y la fe positiva eh intacta antes los problemas y adversidades te harán destacar entre los demás, ¿a qué me refiero con esto? A que mientras los demás estén desesperados tu estarás tranquilo y sin ningún tipo de problema. Debes mantener la calma y tener la mente positiva, y veras como todo empieza a surgir de una manera muy buena.

El señor Ramón tenía un don de cómo decir las cosas. Sin duda alguna sabe cómo hablarme a las personas. Al hablarme sentía como mi rabia y desespero interno se iban volando con cada palabra que me decía. Nunca despego sus ojos de los míos mientras me hablaba y eso hizo que el consejo llegara más al fondo de mi ser. Solo me toco agachar la cabeza por mi pregunta estúpida y darle las gracias nuevamente.

- Gracias nuevamente señor Ramón.
- Tranquilo hijo. Recuerda mente positiva.

Me fui directo a mi casa, y toda y cada una de las palabras del señor ramón retumbaban de lado a lado en mi mente.

¿Cómo era posible que alguien fuera tan sabio? Eso se lo tenía que preguntar a mi abuela, de seguro ella si tendría la respuesta. Así que decidí correr a mi casa, porque quería esa respuesta.

Al llegar a la casa noto a dos personas hablando con mi papa en la acera, así como también veo a mi papa con una libreta pequeña. Se me hizo raro porque mi padre nunca salía hablar con las personas con una libreta en las manos. Al irse las personas no dude en preguntarle.

- Padre. ¿Qué hacían esas personas afuera?
- Estaban haciendo un encargo de carne.

Se me había olvidado totalmente, que estábamos vendiendo carne. "Que torpe soy" me dije por mis adentro. En ese momento me recordé todo lo que me había dicho el señor Ramón: que sabio es ese viejo me dije de buena manera por mis adentro. Ahora mi actitud estaba de una manera muy positiva, y mi fe estaba tan fuerte que era capaz de mantener arriba 10 elefantes.

- Cada una de las señoras pidieron 5 kilos: un total de 10 kilos para esta misma tarde.

La alegría me tomo por completo, miré la hora y vi que eran las 2:40 pm. Y mi papa me dice:
- Deberías de irlas a buscar ahora mismo, las señoras me dijeron que vendrían en 30 minutos.

Antes de que mi papa dijera ve a buscarlas ya estaba casi que corriendo a buscar las bolsas eh ir a buscar toda esa carne. ¿Cómo me la traería? No lo sé, era bastante pesado para mí. así que, aunque sea en la cabeza me la traigo.

Salí de la casa hacia donde el señor Ramón y al llegar que me miro la sonrisa me dijo:

- Estas viendo, te lo dije. Solo es cuestión de esperar y tener mente positiva.

No dude en preguntarle:
- ¿Pero cómo sabe que ya me compraron?
- Tu cara me lo dijo todo.
- Me pidieron 10 kilos señor Ramón.
- Es un muy buen encargo, ven vamos a picar la carne y anotar en la libreta cuanto te quedan.

Hicimos todo y anotamos en la libreta cuanto de carne se restaba a la cantidad completa de la vaca. Salí a la casa como pude con tan pesado encargo, pero mi alegría era más grande que ese encargo. así que, si podía con la magnitud de esa alegría, 10 kilos no eran absolutamente nada para mí.

Al instante que llegue a la casa y entre, llamaron las señoras: JUSTO A TIEMPOR. Me dije por mis adentros. Mi padre salió y entrego el pedido y en sus manos estaban los primeros billetes de la venta.

Que sensación tan excelente, en ese justo momento me sentía poderoso y capaz de hacer negocios con el empresario más grande del mundo.

Al ver contar el dinero, y escuchar pasar el dinero con ese sonido particular que a todos nos gusta. Escucho el llamado de mi abuela. Y recordé que le iba hacer la pregunta que tenía en mente. Espere que ella hablara y luego sin mucho que esperar le pregunte:

- Abuela. ¿Por qué el señor Ramón es tan sabio? Me fui a preguntarle ¿Por qué no había vendido? Y me dijo que era cuestión de esperar y tener mente positiva. Y cuando llegue aquí tenía el encargo.

- Hijo. Ese señor de ese negocio tiene muchos años en ese mundo. Ese señor sabe bien por lo que tu estas pasando, y por eso es tan acertado. Ese señor se graduado de la mejor universidad del mundo llamada "VIDA" y por tal razón siempre sabrá cómo actuar, ante todo. Tu solo escucha, calla y presta atención de los que saben, y vas a aprender.

Solo el silencio me domino. Hice caso a lo que me dijo mi abuela en ese momento: ESCUCHA, CALLA Y PRESTA ATENCION DE LOS QUE SABEN, Y APRENDERAS.

Ese día solo reflexioné y aprendí algo nuevo. Y que aprendizaje me habían dado. Tenía dos de los mejores maestros de la universidad de la vida. Uno era el señor Ramón y la otra era mi abuela. Dos buenos profesores que sin duda alguna aportaban solo cosas buenas para mí.

Así fui aprendiendo de todo lo que quería saber y de lo que la vida me iba poniendo en frente. Cuando estaba desesperado recurría a alguno de mis mejores profesores, y sin pensarlo solo preguntaba y recibía las mejores respuestas que podía tener para mis momentos de desespero y angustia.

HAN PASADO 2 AÑOS desde que empecé en este negocio, y no tengo que ocultarlo. Todo me ha salido a pedir de boca, gracias a mi mente positiva, mi familia y al señor Ramón que aún me aconseja. Siempre paso por donde el señor Ramón y no dudo en darle mi queja sin las tengo solo para tener mi gran respuesta. Con 13 años ahora, había logrado tener una gran cantidad de dinero, pero la mayoría de ese dinero lo invertí en mi humilde casa: PISO, TECHO, FLORES, AIRE, HABITACIONES, MUEBLES, TELEVISORES y todas las comodidades que antes no tenia, Gracias a todo lo que había logrado, con esfuerzo y dedicación. Ya no dejaba la carne donde el señor Ramón, pues junto a los conocimientos de mi papa de construcción hicimos una habitación y la hermetizamos con frio y todo bien armado para meter la carga de carne que me llegaba cada mes. Me gradué de la escuela con el mejor promedio, y con eso hice feliz a mi madre, me sentía satisfecho. Ahora solo trabajaba, y las personas me tomaban más enserio a la hora de hacer negocios y hablar. Sin duda alguna aprendí mucho como hablar y actuar ante personas, pero sentía que aún me faltaba un mundo por recorrer y aprender.

A la casa llega un recado de la carnicería del señor Ramón, al parecer quería verme, así que no dude en ponerme una buena ropa, mis zapatos nuevos y emprender camino para donde el señor Ramón.
-    Si, buenas tardes señor Ramón. ¿Cómo esta?
-    ¿Hasta cuándo me dirás señor, mocoso?
-    Usted sabe que eso no pasara nunca.

Ambos nos soltamos unas grandes carcajadas, y en eso el señor ramón me toma de los hombros y me dice:

-    Quiero que me hagas un favor.
-    Claro que sí, ¿Cómo decir que no? ¿Qué desea?

- Escucha detenidamente. Me tengo que ir de viaje por 1 mes a la ciudad de Madrid España. A donde mi familia y quiero que te quedes a cargo de mi negocio. Tú sabes bien cómo funciona todo esto porque te lo he enseñado el negocio de buena manera ¿puedo confiar en ti?

No niego que los nervios se apoderaron de mí, porque su negocio era muchísimo más grande que el mío, que apenas estaba surgiendo. Pero no podía negarme además también aprendería.

- Claro que sí señor Ramón. Aquí estaré desde que abra hasta que cierre por todo el tiempo que usted quiera.
- Espero que siempre te mantengas firme en este negocio que será tuyo por un buen tiempo.
- No, señor Ramón. Su negocio es suyo, siempre será suyo. yo solo me encargare por el tiempo que este de viaje.
- Ven sígueme.

Lo seguí y me enseño la libreta de donde tenía todos los números que generaba el negocio, el pago de cada uno de los trabajadores, el pago del cargamento, en fin. Estaba todo, yo solamente debía estar al pendiente.
- Y ¿cuándo se va de viaje?
- Mañana mismo me iré. así que mañana mismo tienes que estar acá al pendiente.
- Claro que sí, cuente conmigo. Mañana mismo estoy aquí en la mañana.

Ese día culmino y regrese a la casa a contar todo lo que me había dicho el señor Ramón. Mis padres no lo creían, pero yo tenía que estar al pendiente del negocio por un mes o más. Así que, a trabajar, porque eso era lo que yo quería.

Amanece y a las 6:00 AM, estoy en el negocio del señor Ramón. Paso y noto las maletas en la entrada de la oficina. La toma las llaves del negocio y me las da.

- Ahora te debes encargar de esto muy bien. ¿me lo prometes?
- Se lo prometo, cuando regrese tendrá su negocio, así como lo está dejando.

El me dio una sonrisa, y empezó a darme palmadas en la espalda.

Nos salimos de la oficina y él se puso en el medio del negocio. Llamo a una reunión rápida y dijo estas palabras:
- Aquí les dejo a quien me va a cubrir. La mayoría de ustedes lo conocen, porque yo le di trabajo aquí cuando tenía 11 años. Ahora él es su jefe, trátenlo como lo que es su jefe. Denle el mismo respeto que me dan a mí, no crean que porque tiene 13 años ustedes harán lo que sea con él, le eh dado instrucciones claras de cómo hacer todo. Sus pagos estarán al día. Todo será absolutamente igual, no quiero problemas. No estoy seguro de cuando regrese.

Empezó a despedirse de todos sus empleados, y de mí. Lo acompaño hasta el coche y antes de que se monte dije:

- Señor Ramón. ¿puedo acompañarlo al aeropuerto?
- Claro que, si puedes hijo, Ven móntate.
- Ya regreso, ya va.

Me regrese al negocio y le dije a los empleados que me iría a acompañar al señor Ramón al aeropuerto, y me regrese. Me monte en el carro con el señor Ramón y nos fuimos.

Al llegar al aeropuerto, que nos bajamos del coche y caminamos hasta la puerta del vuelo. El señor Ramón mi mira y me toma de los hombros con sus dos manos.

- Bueno. Hasta aquí nos trajo el rio. Recuerda todo lo que te dije, pórtate muy bien, y cuida de tu negocio.
- Claro que sí, yo lo cuido señor Ramón. Vaya tranquilo que nada malo pasara.

El señor Ramón se despidió con un fuerte abrazo, y se desapareció por la puerta para abordar el avión. Ahora era yo solo contra un negocio muy grande. Estaba nervioso no lo niego, pero tenía que salir adelante, porque yo lo prometí.

Me regrese al negocio y lo tome con calma, hable con los empleados y les deje en claro que no pasaría nada malo con su sueldo ni nada por el estilo. De lo contrario les propuse esto:

- Muy bien muchachos, no les hare absolutamente nada con sus sueldos. De lo contrario se los mejorare. ¿como? Simple. Si el kilo de carne está en 4,00 $ lo subiremos a 4,30$ igualmente queda muy por debajo del precio en que lo venden en otros lugares. Los 30 que pusimos los vamos a dividir entre todos al final del mes. Y así vamos a tener una pequeña mejora a sus sueldos para mí. Pero no lo vean como yo lo veo, como una mejora. Véanlo como un incentivo, un regalo, una sorpresa, como sea, para que me trabajen con calidad. ¿les parece?

Y como no les iba a parecer, era un dinero extra que les caería de maravilla a ellos. Así no habría problema, y así me tomarían más enserio que era lo que quería.

Fueron pasando los días y cada vez me ajustaba más al negocio, los empleados me trataban de lo más normal y eso era bueno, me notificaban todo. En fin, mejor no podía estar pasando.

A la segunda semana estoy en la parte de afuera de la oficina, cuando escucho mi nombre.

- Ángel, te llaman por teléfono.
- Se me hizo muy raro, ya que nadie de mis conocidos tenía ese número de teléfono.

Lo tome y hable:

- Si, ¿hola?
- ¿eres Ángel?

Note que su tono de voz era muy español, y me imagine que era una de las familias del señor Ramón

- Si, soy Ángel.
- Lamento decirte que mi hermano. O como tú le decías el señor Ramón. Falleció anoche.

Eso fue un gancho al hígado y una patada en mi cara. Me pegué de la pared por lo fuerte de la noticia y me fui deslizando por la pared hasta tocar el suelo. Las lágrimas no demoraron en caer y las preguntas empezaron a salir de mi boca.

- Pe, pe, pero ¿cómo? Si él se fue sano de aquí, ¿cómo es posible?
- No Ángel. El sano no estaba, tenía cáncer en etapa terminal. Él nunca te lo dijo, pero en cualquier momento moriría. Él me dijo antes de morir que tus eras como un hijo para él. El hijo que nunca pudo tener, porque mi hermano nunca pudo tener un hijo. Y claramente me dijo que como eras un chico trabajador, que te dejo el negocio a tu nombre, pero como no tienes la mayoría de edad aun no pasara a ser tuyo. Él lo dejo a nombre mío temporalmente, cuando cumplas la mayoría de edad el negocio pasa automáticamente a nombre tuyo. Tranquilo yo respeto la última voluntad de mi hermano. También me dijo que cuides tu nuevo negocio y que siempre seas un niño de bien.

No lo podía creer, todo lo que me había ocultado el señor Ramón. A pesar de todas sus enfermedades andaba de la manera más tranquila posible. Era obvio que así tenía que actuar yo, aunque tenga mil problemas andar normal y sin apuros, lo más relajado posible para solucionarlos.

La señora duro como 1 hora o más diciéndome todo lo que le había dicho sobre mí. Y no sabía que me tenía tanto aprecio y admiración. A pesar de todo eso las lágrimas no dejaban de caer, no lo podía creer. ¿Ahora a quien le pediría consejos de negocios? Si yo sentía que me faltaba mucho por aprender. Me sentía a la deriva y el miedo y nervios se apoderaron de mí.

Mientras algunos empleados atendían a las personas, otros estaban consolándome, e intentando calmarme.
Dije estas palabras:
-   Bueno muchachos, atendemos a la señora y cuando no esté nadie cerramos, Solo quiero irme a mi casa.

Todos sabían por qué ya, así que al atender a la última persona cerramos y cada quien agarro camino a su casa.

Llegue a mi casa y las lágrimas no demoraron en salir al ver a mi mama. Ella me abrazo, y mi cuerpo se desplomo por completo, las piernas ya no me daban.
-   ¿Qué pasa porque lloras?
-   Mama… se murió el señor Ramón.

Su cara cambio y me abrazo, mientras yo soltaba lágrimas como si hubiera un rio dentro de mí. Yo solo me decía por dentro. "gracias por todo"

Aun no les había dicho lo que el señor Ramón había dejado en su testamento, aun no era el momento para decirlo. Lo que más me dolía de todo eso era que no iba poder estar para su último adiós.

Al siguiente día me levante como si nada hubiera pasado, y me dio al negocio. Al llegar que vi al negocio me recordé que el señor Ramón había muerto. Y la tristeza se apodero de mí, pero tenía que trabajar. Yo lo había prometido y así se iba a cumplir.

Ese día transcurrió muy normal, y al finalizar el día que llegue a la casa mi mama me pregunto:
- ¿y ahora? ¿Qué harán con ese negocio? Es seguro que lo cierren.
- No mama. El señor Ramón lo dejo a mi nombre.
- ¿Que lo queras dices Ángel? Deje de estar jugando con la voluntad de ese señor.

- No mama. No estoy jugando es verdad, la hermana del cuando me dio la noticia de su muerte también me dijo que él había puesto su negocio a nombre de la hermana, pero que al cumplir a la mayoría de edad pasaría a mi nombre. Ella me prometió no hacer nada al respecto que respetaría la última petición de su hermano.

Ella puso sus dos manos en su cara, mientras llamaba a mi papa y a mi abuela para decirles la noticia.
- ¿Por qué no habías dicho?
- No era el momento para decirlo.

Todo quedo en ese momento, yo me di una ducha, comí y me acosté a dormir aun sin querer aceptar la dura realidad.
Y de repente me desperté en una habitación totalmente blanca. Frente a mi había una silla que se me hacía conocida, mas no lograba recordar de donde era que la había visto. Detrás de la silla estaba una puerta y vi cómo se habría lentamente y una gran luz salía de ella, la luz era tan grande que me segó por completo. Al lograr abrir mis ojos nuevamente, vi al señor Ramón frente mío sentado en la silla.

El miedo se había apoderado de mí, pero en cuestión de segundos ya no sentía el miedo que sentía. Me miro directo a los ojos y sonrió. Y estiro su mano en señal de saludo. Yo apreté su mano y podía sentir como si fuera en la vida real.

- Hola Ángel. Tenía tiempo sin verte, ahora ya no tengo tiempo, porque te estoy viendo. (sonrisa) ya vi que estás haciendo muy bien con el negocio, me gusto ese primer paso que hiciste de darle ese bono a los trabajadores, así quiero que actúes siempre, decisivo y fuerte ante las decisiones. Recuerda no prestar mucha atención a los problemas, deja que todo fluya, como fluye el rio hacia los mares. No gastes tu tiempo en personas de mal genio, rodéate de personas que piensen igual que tú. A ese tipo de personas debes ayudar, por eso fue que te ayude cuando eras apenas un niño. Porque tenía tiempo sin conocer a alguien con esa mentalidad de hombre trabajador a tan poca edad. Sal adelante y cuida del negocio familiar. Ya me tengo que ir, pero nunca olvides que debes tener la mente positiva y seguir adelante. AHORA LEVANTATE Y VE A TRABAJAR QUE ES HORA DE DESPERTAR.

En ese justo momento di un salto de la cama, y noté que no era verdad, que solamente era un sueño.

- Dios mío. ¿Qué hora es?

Logre ver la hora y note que eran las 5:30 am. Tenía que levantarme para ir al negocio. El señor Ramón me había levantado.

Me levante, lave mis dientes, comí y me fui directo al negocio, para como de costumbre trabajar como quería.

5 AÑOS DESPUES

Han pasado 5 años, y ya el negocio está a mi nombre como quería el señor Ramón. Claro ahora no soy dueño de este solo negocio, ahora tengo 5 negocios más de venta de carne. Y todo gracias a los consejos y enseñanzas del señor Ramón y mi abuela.

No fue fácil tener que aprender desde muy temprana edad lo dura que puede ser la vida para algunas personas. Así como algunas nacen en cuna de oro, otras nacen sin cuna y sin oro. Teniendo que luchar para lograr sus sueños y metas, que al tocarlas sabe mejor lo logrado ya que ha sido obtenido con el sudor de tu frente y sacrificio.

Algunos nacemos para estudiar, otros para ser pilotos, otros para el deporte, otros para la escritura, y otros para trabajar, y yo nací para trabajar. Lo más importante de todo es que con estudio, o sin estudio logres alcanzar tus metas con esfuerzo y optimismo. Que nada en esta vida es regalado y que para tener lo que quieres debes llorar lágrimas de sangre, debes pelear contra el destino y las adversidades. Que la vida te pondrá duras pruebas en el camino, pero que al tener esas pruebas solo nos quejamos, sin saber que esas pruebas es aprendizaje para uno mismo.

Mi camino no fue fácil, y de seguro el tuyo tampoco lo es. Pero debes de saber que si te esfuerzas y nunca te rindes todo llega en cuestión de segundos.
Si sientes que tu vida está mal, y estas a punto de rendirte. Levántate despoja todo malo pensamiento y lucha como guerrero de dios. Buen marinero no se hace en marea mansa, y mucho menos se hace un buen gladiador sin siquiera haber peleado contra miles.

Cuando sientas que tu historia es mala, recuerda que las hay peores, mucho peores que las tuyas, y aun así esas personas nunca se rinden y triunfan.

No seas de ese tipo de personas que al primer problema se desploma y deja de luchar.

VAMOS, LEVANTATE Y LUCHA.
RECUERDA, SIEMPRE MENTE POSITIVA Y
FUERTE ANTE LOS PROBLEMAS.

www.ingramcontent.com/pod-product-compliance
Lightning Source LLC
Chambersburg PA
CBHW030535220526
45463CB00007B/2849